LE HARFANG DES NEIGES

Texte : Joseph Lévesque

Illustrations : Pierre Jarry

ÉDITIONS
MICHEL
QUINTIN

Le harfang des neiges survole la toundra du Grand Nord,
Se moquant du froid et des vents forts.

Pour se nourrir, se réchauffer,
Et se protéger du danger,
Le jeune harfang a bien besoin
De parents qui veillent au grain.

Lorsque la nourriture est abondante,
La femelle peut pondre dix ou douze oeufs.
Mais l'année où elle est insuffisante,
C'est à peine si elle en pondra deux.

Le harfang, pour calmer son appétit,
Préfère chasser le jour que la nuit.

Le harfang des neiges peut, avec aisance,
Tourner la tête dans tous les sens.

Sa proie, il l'aura entendue
Bien avant de l'avoir vue.
Grâce à la finesse de son ouïe,
Il peut entendre le moindre bruit.

Ce rapace, avec ses serres puissantes,
Attrape sans peine sa proie vivante.

Il avale les petites proies sans les déchiqueter
Mais os et poils seront régurgités
Sous forme de boulettes — faut l'excuser —
Parce qu'il ne peut pas les digérer.

Oiseaux, lièvres et petits rongeurs,
Sont au menu de ce prédateur.
Le lemming, facile à capturer,
Constitue son repas préféré.

Certains hivers où les lemmings sont rares,
Affamé, le harfang descend du Nord.
On peut le voir, perché sur une clôture,
L'oeil aux aguets, en quête de nourriture.

Le harfang des neiges capture parfois
Jusqu'à trois cents souris par mois.
En limitant le nombre de rongeurs,
Il rend service à l'agriculteur.

Dans la même collection :

Données de catalogage avant publication (Canada)

Jarry, Pierre

Le Harfang des neiges

(Ciné-faune)
Pour enfants.
ISBN 2-920438-37-9 (rel.)

1. Harfang des neiges - Ouvrages pour la jeunesse. I. Lévesque, Joseph
II. Titre.   III. Collection.
QL696.S83J37 2000   j598.9'7   C91-096375-4

La publication de cet ouvrage a été réalisée grâce au soutien financier de la
SODEC et du Conseil des Arts du Canada. De plus, les Éditions Michel Quintin
bénéficient de l'aide financière du gouvernement du Canada par l'entremise
du Programme d'aide au développement de l'industrie de l'édition (PADIÉ)
pour leurs activités d'édition.

Révision linguistique : Maurice Poirier

Dépôt légal - Bibliothèque nationale du Québec, 1991

©1991 Éditions Michel Quintin
C.P. 340, Waterloo (Québec)
Canada   J0E 2N0
Tél. : (450) 539-3774
Téléc. : (450) 539-4905
Courriel : mquintin@sympatico.ca

Imprimé à Hong Kong
ISBN 2-920438-37-9   (relié)   10 9 8 7 6 5 4 3 2